AF263435

Lettre d'un Français

A SON ALTESSE

MOHAMMED-EL-SADOK

BEY DE TUNIS

> « Je porte un toast au bey de Tunis,
> « mon *bon et noble* ALLIÉ. »
>
> Paroles de l'Empereur Napoléon III, à
> Alger, en 1860.

PARIS

IMPRIMERIE DE GEORGES KUGELMANN
Rue Grange-Batelière, 13,

1864

ALTESSE !

—

Le dieu de Mohammed a dit : « *Implorez-moi et je vous exaucerai.* » Je demande à ce dieu, qui est aussi celui de Moïse et du Christ, qu'il vous soutienne dans l'accomplissement de l'œuvre de régénération que vous avez entreprise.

En étudiant l'histoire de notre époque, on demeure étonné de voir que les nations les plus civilisées n'ont pas encore toutes mis en pratique les principes sur lesquels reposent les lois si libérales que vous avez octroyées au peuple que le Très-Haut vous a confié.

Et cependant ce peuple, trompé par des méchants, a méconnu la voix de celui qui a dit : « *O Dieu ! accorde nous ton aide, ton assistance et la miséricorde ! Fais que cette œuvre produise ses fruits ! Nous te demandons ton appui pour cette tâche et te rendons grâce pour la mission que tu nous a confiée.* »

Mission sublime, en effet, que celle d'assurer le bonheur d'un peuple par de sages lois. On peut affirmer qu'aucun prince n'a plus que vous eu le désir d'accomplir cette haute mission.

En présence des évènements qui viennent de troubler la Tunisie, j'ai pensé que c'était une bonne action que de faire connaître le caractère du prince qui la gouverne. — Car quelque faible qu'on soit, on est fort contre les méchants lorsqu'on a pour armes la foi et la vérité.

Mon but sera facilement atteint, Prince, car il me suffira de placer sous les yeux de mes lecteurs le programme de votre gouvernement, monument impérissable que vous a laissé votre noble frère et auquel votre cœur et votre esprit sont restés fidèles ; je me bornerai ensuite à faire connaître comment vous avez compris les devoirs du prince, — et j'ai l'intime conviction que chacun, après avoir lu ces témoignages irrécusables de votre haute bienveillance pour votre peuple et pour les étrangers, je suis certain, dis-je, que tous ceux qui vous connaîtront alors, tel que vous êtes, souhaiteront, comme je le souhaite moi-même, que votre règne s'accomplisse dans la prospérité et que votre peuple bénisse votre nom, que l'histoire a déjà inscrit dans ses fastes au rang des meilleurs monarques.

Les orateurs des partis politiques cherchent leurs arguments dans des faits souvent inventés ou produits pour les besoins de la cause qu'ils ont à défendre ; ici la bonté de votre cause n'a pas besoin de cette ressource, elle ressort tout entière des documents qui vont suivre — qui sont déjà d'une date ancienne et qui n'ont pas eu besoin de la pression d'un parti pour se produire.

J'ai recueilli, prince, les maximes des hommes qui se

sont voués au bonheur des peuples, elles trouveront leu
place à côté de votre œuvre et l'on pourra voir par ce rap-
prochement que vos vues sont entièrement en harmoni
avec les pensées des sages de tous les temps.

Vous ne repousserez pas, je l'espère, ce travail, qui es
comme le miel de l'abeille assidue, qui court de fleur e
fleur pour en recueillir les plus riches essences.

Je le dépose en vos mains avec la confiance que mes intentions feront pardonner son insuffisance, et je déclare
Altesse, que vous pouvez l'accueillir comme un témoignage
sincère de la profonde vénération et de l'entier dévoue
ment

De votre très-humble serviteur.

RAOUL DELAMOTTE

Juillet 1861.

Le bey actuel de Tunis, Son Altesse Mohammed-el-Sadok, a voulu réaliser la moisson de l'avenir que ses prédécesseurs, et notamment son frère, avaient semée. — Il a voulu porter le dernier coup à ce qui restait de barbare dans les coutumes de son peuple, et tout à coup des obstacles se lèvent devant lui.

Tous les esprits élevés doivent se grouper autour du bey pour le défendre et le soutenir,

Un prince ami de la France ne saurait être victime de son dévouement pour le progrès.

Ce prince, jaloux de réformer les abus de son administration, a reconnu les vices de l'impôt territorial dit *sekat*, lui a substitué un impôt personnel. Il n'a pas voulu que le pauvre fût plus longtemps exposé aux exactions de toutes sortes qu'entraînait la perception d'un impôt qui frappait seulement *le commerçant du Seigneur*, ainsi que l'appelle Sidi-Mohammed-el-Sadok. *L'agriculteur* est protégé par la nouvelle constitution du pays, l'Europe entière applaudit et c'est une portion de la population dont les droits viennent d'être consacrés par un acte sublime de son souverain, qui, poussée par les plus mauvaises passions, attaque le trône qui la protége.

Un parti rétrograde a excité la révolte.

Le prince est éclairé, mais le peuple est encore barbare et des hommes méchants exploitent cette barbarie pour retenir à un système d'impôt qui permettait aux fermiers généraux de prélever jusqu'à trente et quarante pour cent sur les produits de l'agriculture.

La France a compris de quel côté est le bon droit, aussi prête-t-elle son puissant appui à Sidi-Mohammed-el-Sadok. Elle n'a pas oublié que, dès 1824, Tunis a confirmé, par un traité tous nos anciens priviléges, et que durant l'expédition d'Alger le bey nous a donné des gages non équivoques de son attachement. Ce prince n'avait pas attendu que la victoire couronnât notre entreprise pour nous prouver que ses vœux accompagnaient nos armes.

Dès le début de la guerre entreprise contre le dey d'Alger, il mit à notre disposition des approvisionnements et des chevaux. On se souvient que pour reconnaître le dévouement dont Tunis avait fait preuve, le maréchal Clauzel proposa à Sidi-Moustapha, frère du bey, le gouvernement d'Oran et de Constantine.

La France considère donc à juste titre Tunis comme son alliée et sa protégée, et le bey est fort de cette protection. Chaque fois que l'indépendance de Tunis est menacée par la Porte, la France intervient et le danger est écarté. Ahmed-Bey n'a-t-il pas déclaré, vers 1847, en pleine assemblée, au représentant de la France, que les deux gouvernements sont unis par un lien indissoluble. Ils sont *cousus* (mkhaïattein), selon l'expression de ce prince.

Et pour sceller cette parole, Admey-Bey concède à l'évêque français un vaste terrain sur lequel a été bâtie la chapelle de Saint-Louis, puis un autre emplacement destiné à la construction d'une église. De vastes concessions immobilières sont faites à l'évêque pour subvenir aux dépenses du culte catholique ; tous ces dons de la munificence des beys prouvent à la fois dans ces princes l'absence complète des préjugés religieux et leur bon vouloir envers la France. La confiance du bey actuel pour notre souverain est complète.

Mohammed-el-Sadok n'a pas oublié que, pendant son séjour en Algérie, en 1860, l'empereur Napoléon III le traita en souverain ami de la France et consacra en quelque sorte notre alliance avec Tunis par ces paroles mémorables, prononcées à la fin d'un banquet officiel : « *Je porte un toast au bey de Tunis, mon bon et noble allié ; j'espère qu'il sera toujours un bon voisin, et je serai heureux moi-même du bonheur de* SON PEUPLE. »

L'affection et la confiance du bey de Tunis pour la France se manifeste d'ailleurs de mille manières.

La majeure partie des étrangers employés à son service appartiennent à notre nation.

Ce sont des officiers français qui ont discipliné les troupes du bey.

C'est un Français qui dirige la poudrière.

L'inspection du lazaret est confiée à un Français.

Ce sont des Français qui ont organisé l'arsenal de Tunis.

Ce sont des produits de notre industrie, nos meubles, nos glaces, nos soieries qui ornent les appartements du bey.

Aux parois d'une des salles de réception du bardo sont suspendus des tableaux représentant des batailles remportées

par les armées françaises, et la place d'honneur y est consa-
crée au portrait de Napoléon III.

Nous avons vu les soldats tunisiens combattre à l'ombre
de nos aigles, lors de la guerre de Crimée, moins comme
alliés de la Porte que comme amis de notre drapeau.

L'indépendance de Tunis doit donc demeurer entière et
l'on peut dire que le jour où la France à posé son pied
victorieux sur la terre africaine, cette indépendance, si ab-
solue en droit, est devenue par le fait une nécessité impé-
rieuse de la politique française.

Pour faire connaître le souverain actuel de la Tunisie, il
suffira de lire le manifeste que son frère adressa à son peuple en 1856 et d'examiner ensuite dans quel esprit le bey
actuel continua l'œuvre de son prédécesseur.

PROCLAMATION DE SON ALTESSE MOHAMMED

Aux habitants de la Régence

—

Louanges à Dieu! que le salut soit avec notre seigneur et maître Mohammed, sa famille et ses compagnons.

Louanges à Dieu qui a fait dépendre la prospérité de la justice et de la bonté — qui a voulu que la plus belle qualité de l'homme fût l'amour du prochain ; qui a consacré, en lui, pour pratiquer cette grande vertu les deux parties les plus petites de son être, le cœur et la langue ; qui a voulu que les hommes fussent gouvernés par des lois différentes suivant les temps et les pays, lois destinées à éloigner le mal et à attirer le bien et la confiance ; et qui a choisi pour assurer ces avantages à chaque nation les hommes les plus attachés à la vrai foi.

Salut et prières à notre seigneur Mohammed, que Dieu a élevé par le miracle du Coran; à celui qui nous a défendu le mal et l'impiété; à celui qui nous a ordonné d'être *justes, humains et bienfaisants.*

Nous avons écrit les présentes avec l'espoir que nos décisions procureront des avantages dans cette vie à tous nos sujets et des récompenses dans l'autre, pour nous humble serviteur de Dieu ; que le Très-Haut nous inspire à tous le sentiment de la justice et la force de la pratiquer. Que celui qui nous a créé et qui dirige nos actions nous donne la vertu de la charité.

Sâchez que lorsque le tout puissant a confié à nos faibles mains le soin de vous gouverner et de veiller aux intérêts publics et particuliers, nous nous sommes convaincu que la première prescription de la religion était « *la garde fidèle du dépôt confié* » et nous avons espéré dans l'aide du Très-Haut, car le souverain étant l'élu de Dieu est protégé par sa grâce ; il est destiné à assurer les vœux des peuples qui se groupent autour de lui et il doit combattre le mal qui les menace ; mais il ne peut atteindre ce but qu'avec des aides et des soutiens, c'est-à-dire des employés fidèles et des armées disciplinées, — il est également évident qu'un gouvernement ne peut fonctionner sans une certaine somme de richesses. Aucun pays ne peut prospérer s'il n'est suffisamment peuplé ; un pays n'est peuplé que lorsque ses habitants ont confiance dans la justice de leur gouvernement et il n'y a de confiance que lorsqu'une répression sévère atteint les gens qui veulent le mal et le désordre.

Lorsque nous sommes arrivé au pouvoir, nous avons constaté que de grandes atteintes avaient été portées aux principes exposés plus haut et que la prospérité du pays en était compromise.

Nous avons mis notre appui dans la source de tout bien pour remédier à de si grands maux.

D'abord nous avons porté notre attention sur l'agriculture ; nous avons supprimé les trois quarts du droit qui pesait sur la vente des bestiaux, première richesse de l'agriculteur; il en est résulté un soulagement partiel pour le peuple.

Après, nous avons aboli la fraude qui s'était introduite dans le mesurage des céréales, produits de la dîme, impôts honteux, dont nous avons délivré *le commerçant du seigneur* (l'agriculteur). Et cela malgré le vide immense que causait dans le trésor la suppression de ces redevances.

Nous avons fait en outre ce qui nous était possible pour soulager les habitants de nos villes en leur facilitant l'acquisition des matériaux, etc.

Aujourd'hui nous sommes occupé des impôts indirects qui pèsent sur nos sujets, tels que les monopoles du tabac, du sel, des cuirs, et autres contributions que les agents du gouvernement exigent de leurs administrés.

Nous nous sommes convaincus que *les pauvres seuls* supportent ces charges, dont les riches trouvent le moyen de s'exempter, sans parler des abus infâmes que font naître ces perceptions, sources de tant de désordres et d'infortunes.

Les plaintes de l'opprimé nous arrivent difficilement et nous ne pouvons y faire droit dans l'impossibilité où il est de nous fournir des preuves.

Comment un pays pourrait-il prospérer quand des administrateurs se livrent à des actes que la plume aurait peine à retracer.

Si nous supprimons tous les impôts comme nous en avons le désir, le gouvernement ne pourra fonctionner faute de revenus ; d'un autre côté si nous les laissons subsister, la conséquence sera la continuation d'injustices que *Dieu* réprouve dans le *Coran* : il faut chercher un autre moyen et j'espère que Dieu fera produire à la terre les ressources qui nous sont nécessaires.

Pénétré du desir d'adoucir le sort des Musulmans confiés à ma garde, nous avons donc choisi le moindre des deux inconvénients.

Suivent les dispositions les plus sages.

« Notre porte sera ouverte à tous les opprimés, notre oreille écoutera toutes les plaintes et nos yeux regarderont les actions de nos employés, et vous verrez comment je sais remplir mes promesses. »

Quiconque ne se soumettrait pas aux dites prescriptions, qui *sont dans l'intérêt général,* trahirait son Dieu, son prophète et ses frères les Musulmans, il attirerait sur lui une punition. Or, quelle punition encourt celui qui a trahi son Dieu, son pays et ses frères ?

Quant à nous, nous ne saurions lui accorder de pardon.

Si le pauvre réfléchit aux redevances auxquelles il était soumis, il s'apercevra que le nouvel impôt est beaucoup plus léger, pour lui enfin, *le lendemain sera plus heureux que la veille.*

Si le riche trouvait le nouvel impôt pesant, s'il alléguait qu'il est contraire aux usages établis, et s'il pensait qu'il porte atteinte à sa dignité, si, en un mot, il voulait se soustraire aux obligations de ses frères et payer par l'ingratitude

les grâces du Très-Haut, il s'exposerait à perdre ces grâces
— que disons-nous? ces grâces lui seraient enlevées, car il
est bien certain que Dieu n'accorde ses dons qu'à celui qui
est reconnaissant.

Car quiconque refuse d'aider ses frères Musulmans est le
plus grand des ingrats, et quiconque est ingrat envers Dieu,
mérite une punition exemplaire.

Jamais un opprimé n'a trouvé notre porte fermée, à plus
forte raison sera-t-elle ouverte, désormais, à quiconque s'y
présentera...

Nous répétons que l'opprimé doit nous faire connaître ses
plaintes; car je ne serai point responsable devant Dieu des
injustices dont le malheureux serait victime, s'il ne se hâ-
tait pas de m'en donner connaissance.

Dieu ne nous a donné le pouvoir que pour protéger les
intérêts et les personnes des pays qu'il nous a confiés.

C'est en Dieu que repose tout espoir; c'est en lui que
nous mettons notre force et notre confiance, c'est vers lui
que nous retournerons tous.

Oh, Dieu tout puissant! je tends vers toi mes mains faibles et suppliantes; je te demande de m'aider à faire le bien
des créatures que tu as confiées à ma garde; je redis ta sublime parole : *Implorez-moi et je vous exaucerai.* C'est toi
qui es le principe de la cause et de l'effet.

Que Dieu mette mes sujets et tous les Musulmans au
nombre de ceux qui écoutent ta parole sacrée et qui s'y

conforment afin que le Très-Haut les récompense suivant leurs œuvres et qu'il augmente leur bonheur.

Salut de la part de l'humble serviteur de Dieu.

Le Mouchir, PACHA-BEY.

Que Dieu lui soit en aide.

Écrit dans le mois de Chanal 1712, correspondant au mois de juin 1856.

Nous avons reproduit presque entièrement le manifeste de 1856, parce qu'il contient les préceptes de la plus belle politique et qu'il a servi de base à la constitution octroyée spontanément par le bey actuel. Faire connaître ces documents, c'est aussi faire connaître le caractère de l'allié de la France. C'est la meilleure défense qui puisse être présentée à l'Europe en faveur d'un prince calomnié par certains hommes qui sacrifient les meilleurs sentiments au triomphe égoïste d'une politique mercantile et sans dignité.

Mais déjà, grâce à l'influence de la France, et surtout grâce à l'affection véritable que la partie saine de la population Tunisienne a vouée à son prince, on voit le calme se rétablir; et bientôt cette épreuve que vient de subir Mohamed-el-Sadok, ne fera que consolider son pouvoir.

Il pourra, dès-lors, réaliser toutes les améliorations qu'il a projetées et en partie accomplies.

C'est en effet avoir singulièrement amélioré le sort d'un peuple que de lui avoir donné de sages lois.

Et remarquons que ce n'est pas sous la pression de l'émeute que ces garanties ont été octroyées à son peuple. Dès 1861, Mohamed-el-Sadok réalise les promesses inscrites dans le manifeste cité plus haut.

Ce code politique garantit la complète sécurité : des personnes, des biens et de l'honneur à tous les habitants de la régence, quelles que soient d'ailleurs leur religion, leur nationalité, leur race.

Tous les sujets sont assujétis à l'impôt, proportionnellement à leur fortune.

La loi ne distingue plus entre les étrangers et les musulmans.

Le service militaire ne sera requis qu'après le tirage au sort et pour un temps limité.

Le tribunal de commerce sera composé de membres choisis parmi les musulmans et les sujets des puissances amies.

Liberté de commerce pour tous et sans priviléges pour personne; le gouvernement s'interdit même toute espèce de concurrence.

Les étrangers pourront acquérir et devenir propriétaires à l'égal des nationaux et aux mêmes conditions.

Tout individu arrêté par la police recevra, dans les quarante-huit heures, notification des motifs de son arrestation.

Les crimes et délits seront constatés et punis par une

lécision judiciaire rendue à la majorité des voix , après xamen des preuves et lorsque l'accusé se sera défendu.

Le bey ne pourra modifier les arrêts des tribunaux si ce 'est pour user du droit de grâce et d'atténuation des eines.

Le commerce d'importation et d'exportation est libre our tous.

Tous les droits et revenus quelconque à prélever par le ;ouvernement cesseront d'être affermés ; ils seront perçus ar des fonctionnaires publics.

Il y aura au-dessus des tribunaux de première instance n tribunal de révision dont les arrêts sont toujours moti- és sur le texte des lois.

Les magistrats sont inamovibles.

Le droit de pétition est octroyé.

Les dispositions de ce Code concernant les étrangers ont n caractère de loyauté et de bienveillance tel que nous royons devoir reproduire les principaux articles qu'ils con- iennent.

Art. 105. — Une liberté complète est assurée à tous les trangers établis dans les Etats tunisiens, quant à l'exer- ice de leur cultes.

Art. 107. — Ils jouiront de la même sécurité personnelle ue celle garantie aux Tunisiens.

Art. 108. — Ils ne seront soumis ni à la conscription,

ni à aucun service militaire, ni à aucune corvée dans la régence.

Art. 109. — De même qu'aux sujets tunisiens, il est garanti aux étrangers, établis dans la régence, une sûreté complète pour leurs biens et pour leur honneur.

Art. 110. — Il est accordé aux sujets étrangers les mêmes facultés que celles accordées aux nationaux, relativement aux industries à exercer et aux machines à introduire.

Art. 112. — Les sujets étrangers établis dans les Etats tunisiens, pourront se livrer au commerce d'importation et d'exportation, à l'égard des nationaux.

Art. 114. — Les créatures de Dieu devant être égales devant la loi, sans distinction, soit de leur origine, de leur religion ou de leur rang; les sujets étrangers établis dans nos Etats, et qui sont appelés à jouir des mêmes droits et avantages que nos propres sujets, devront être soumis comme ceux-ci à la juridiction des divers tribunaux que nous avons institués.

Les plus grandes garanties sont données à tous, soit par le choix des juges, soit par la précision des codes d'après lesquels les magistrats doivent juger, soit par les divers degrés de juridiction. — Et cependant, pour donner une sécurité plus grande aux étrangers, nous avons établi dans les codes civil et criminel une disposition portant que *les consuls ou leurs délégués seront présents, devant nos tribunaux dans les causes ou procès de leurs nationaux.*

La constitution octroyée par Mohamed-el-Sadok a soin

de fixer également la condition politique et financière des princes; les droits et les obligations du souverain qu'elle déclare responsable devant un conseil suprême, composé pour un tiers, des ministres et de hauts fonctionnaires, pour deux tiers des notables du pays.

**

Il nous semble qu'un prince qui a eu le courage et la sagesse d'accomplir une œuvre aussi belle mérite l'appui de tous les peuples civilisés, et nous avons la ferme conviction que la France du moins ne l'abandonnera pas.

A part la question des intérêts engagés dans la crise actuelle, il y a pour l'Empereur une haute mission à remplir vis-à-vis d'un allié qu'il a appris à estimer, et cette mission est une de celles que son esprit élevé ne laisse jamais inachevée, parce qu'elle a la conscience pour conseil et pour juge.

PENSÉES ET MAXIMES

SUR LE MEILLEUR GOUVERNEMENT

A notre siècle il était réservé de découvrir la vie dans le matérialisme des évènements.—Les révolution ne sont pas aveugles, toujours une théorie les précède et leur gagne le monde. — Pour les prévenir, il faut être *inspiré de Dieu* et pressentir les besoins toujours croissants des peuples. — Il faut éviter de retenir l'avenir sous la loi du passé.

Le matérialisme étroit n'a jamais compris que les faits sociaux ne dépendaient pas d'individualités en souffrance, mais de quelque idée, devenue générale, qui demandait de l'espace ou de la puissance ; et ces faits, on ne les juge qu'en appréciant la valeur de leurs causes, on ne les atteint définitivement qu'en portant la réforme dans leur principe générateur ; ce n'est donc pas à une somme de volontés ignorantes des causes et préoccupées des suggestions de la sensibilité, c'est à la raison de constituer les nations pour l'avenir.

Une nation n'est point une agglomération arbitraire d'individus sans cohésion réunis sans forme et sans règles ; des intérêts communs la relient dans l'unité, et d'un même développement synthétique de raison, elle gravite sur une seule ligne dans l'humanité ; elle ne préexiste pas à son organisation, le peuple ne vote point son État, c'est l'État qui crée le peuple.

.*.

C'est de la raison que sortent les trois branches du droit : *la loi*, c'est la raison générale promulguée par l'État; la *coutume*, la raison générale exprimée par l'histoire; la *convention*, la raison individuelle appliquée à une espèce.

.*.

La morale, qui règle les rapports de l'activité de l'homme à sa destination personnelle, est nécessairement libre; tandis que le droit, qui règle les rapports de la vie de l'homme à la destination de la société, ne s'applique qu'à des actes extérieurs, et, par conséquent, admet la contrainte.

.*.

L'histoire ne flotte point au hasard des évènements, semant la vie dans les empires et jetant au vent leur poussière sans s'animer de la pensée du créateur; si quelque loi toute-puissante ne présidait pas aux développements de l'humanité dans l'esprit et dans le temps, il faudrait lancer contre le ciel une profession d'athéisme ou des paroles de blasphème. Chaque fait remonte, par une série d'effets, à la cause de toutes les causes, et forme un des anneaux où viendra se rettacher l'avenir; tout se lie à la causalité divine, tout s'enchaine dans une palingénésie universelle; le monde d'aujourd'hui est la création du monde d'hier; rompre avec lui, c'est s'opposer à l'épanouissement naturel des choses, c'est méconnaître les besoins qui en sont sortis, violenter les intérêts qu'il a développés, les mœurs et les idées qu'il avait préparées, c'est imposer une date de sa façon à la création de l'univers.

⁂

Le plus grand mérite de l'école historique est d'avoir nécessairement un côté philosophique; puisque l'humanité se développe à chaque progrès, elle peut saisir dans la suite des faits la loi de son développement et tendre à l'avenir par le passé.

En sachant que les vérités sont incomplètes et que l'erreur a contenu sa part de vérité, l'esprit perd de son intolérance et de son fanatisme.

⁂

L'histoire et la nature sont pleines de merveilles du Très-Haut : sa bonté appelle l'homme du néant dans la vie et il s'honore par un culte d'adoration et de reconnaissance; en l'élevant à sa contemplation, le Seigneur permet à l'homme de comprendre ses lois, les aspirations pour le beau, pour le vrai et pour le bon manifestent la volonté souveraine du créateur, et l'homme l'honore aussi en remplissant sa destination au péril de son corps et au mépris de la souffrance.

.·.

Tous les êtres ont leur place dans l'espace, tous, leur raison dans le temps ; chaque individu n'a qu'une importance secondaire dans les desseins éternels, et l'homme honore encore le Très-Haut en se subordonnant à l'humanité et en s'harmonisant avec la nature.

La religion embrasse à la fois la science et l'observation des lois, qui rattachent les êtres à leur centre générateur, et l'expansion légitime de la vie, par laquelle chacun travaille, dans la limite de sa nature, à l'œuvre de la Providence.

.·.

Nul devoir pour l'activité de l'homme, nul but possible que de concourir par son progrès individuel au développement perpétuel de l'univers.

.·.

La liberté n'est que la puissance d'accomplir sa destinée

dans le monde, conformément aux lois de sa nature et en suivant l'esprit du Seigneur.

.·.

Pour ne point étouffer le progrès sous des formes antihumaines, l'État ne peut s'autoriser que de la raison; toute autre souveraineté est oppressive, toute autre puissance démoralise.

.·.

C'est à l'éducation de procéder et de préparer la loi, la liberté ne s'acquiert pas, elle se gagne; la dictature sociale n'appartient qu'à la raison dépouillée de tout caractère abstrait, comme de toute originalité spéciale.

L'État n'est légitime qu'à la condition d'exprimer la raison générale des sujets et d'unir dans son lien le temps et l'éternel.

.·.

M. Guizot a très bien décrit la naissance de l'autorité quand il a écrit ce qui suit :

« Prenez des hommes libres, indépendants, étrangers à toute nécessité de subordination les uns envers les autres, unis seulement dans un intérêt, un dessein commun; prenez les enfants dans leurs jeux, qui sont leurs affaires à eux : au milieu de ces associations volontaires et simples, comment naît le pouvoir? a qui va-t-il, comme par sa pente naturelle et de l'aveu de tous?... Au plus courageux et au plus habile, à celui qui se fait croire le plus capable de l'exercer, c'est-à-dire, de satisfaire à l'intérêt commun, d'accomplir la pensée de tous. — Tant qu'aucune cause extérieure et violente ne vient déranger le cours spontané des choses, c'est le brave qui commande, l'habile qui gouverne.

« Parmi les hommes livrés à eux mêmes et aux lois de la nature, le pouvoir accompagne et recèle la supériorité; la supériorité, en se faisant connaître se fait obéir : c'est là l'origine du pouvoir; il n'en a pas d'autres. »

Le prince, s'il est mal informé, peut, avec les meilleures intentions du monde, se laisser surprendre : il peut se laisser influencer par les passions de ceux qui l'entourent et forment comme une barrière entre lui et son peuple, il peut se laisser entraîner dans des voies contraires au bien-être de ses sujets.

Justinien avait entrevu ce danger lorsqu'il a écrit : « Nous ordonnons à nos juges de n'avoir aucun égard aux rescrits qu'on aurait obtenus de nous contrairement à la justice. »

Louis XII avait la même pensée lorsque par un édit il ordonna qu'on suivit toujours la loi, malgré les ordres contraires que l'importunité pourrait arracher au monarque.

∴

« La justice, » a dit Henri IV à l'ouverture de l'assemblé[e]
des notables de 1596, « doit présider sur le trône de[s]
rois. »

∴

Un homme animé d'un esprit divin — dit Platon — born[a]
la puissance des rois par celle d'un sénat.

∴

Moïse, lui même, ce grand génie si capable de gouverne[r]
seul, institua cependant le grand sanhédrin ou sénat pou[r]
prendre part au gouvernement.

∴

Lorsqu'une concession est demandée au prince, par le[s]
besoins réels de son peuple, cette concession n'est poin[t]
un don, elle est un acte de sagesse et de justice du prince[,]
car, dès qu'il a reconnu que la concession est nécessaire a[u]

bonheur du peuple, le prince n'est plus libre de la refuser sans s'exposer à la rébellion de ses sujets.

.˙.

Les peuples tendent naturellement au repos, qui seul engendre la fertilité du commerce et par suite son bien-être; ils ne se révoltent que lorsqu'ils ne sont pas satisfaits d'un ordre de choses nouveau ou de l'abus du pouvoir existant.

.˙.

Sous Achmet III, le peuple est chargé d'un nouvel impôt qui excite un mécontentement général. Un armurier, un marchand d'habits et un limonadier, maltraités dans la levée de cet impôt, entreprennent d'en punir le gouvernement. Le mécontentement du peuple leur paraît une puissance suffisante pour seconder leur projet; ils la font agir, et deux jours après le prince est forcé de descendre du trône.

« Souvenez-vous, » dit Achmet à Mahmoud, que le peuple élevait à sa place, « que Mustapha mon frère, Mo-
» hamed IV, Mustapha II votre père, et moi-même, nous
» sommes descendus du trône par l'abus que nos ministres
» ont fait de notre puissance — *voyez tout par vos yeux;*
» *soyez sévère, mais soyez juste !* »

Paris. — Imp Kugelmann, rue Grange-Batelière, 13.